JN409019

갯방풍

정운영 시집

시와사람

국립중앙도서관 출판시도서목록(CIP)

갯방풍 : 정운영 시집 / 지은이: 정운영. --
광주 : 시와사람, 2016
p. ; cm. -- (시와사람 서정시선 ; 047)

ISBN 978-89-5665-459-1 03810 : ₩10000

한국 현대시[韓國現代詩]

811.7-KDC6
895.715-DDC23 CIP2016013792

갯방풍

■ 시인의 말

작고 오목한 샘이면 가능할 것 같아 주변 골주름에 배긴 눈을 욕심보다는 조금 큰 조막손으로 긁어모아 메우기를 습관처럼 하여왔다.

해소되지 않을 갈증으로 인한 짓이라 자위했고, 꼭 한번만이라도 그런 느낌으로 잠시만이라도 있고 싶어 한 때문인데, 타자도 나에게 나도 나에게 무슨 짓이냐 물었고 대답할 수 없었다.

갈증에 지쳐 메워도 채워지지 않는 눈물 섞인 샘물을 퍼다 숨구멍으로 쏟아 부으니 꾸륵 꾸르륵 넘어가다 같은 소리를 내며 되올라왔고 이물질도 섞였더라.

그래서 갈증이 부끄러움이었고 각혈하는 양 내보인 것도 부끄러움으로 정리하고, 눈을 감고 눈으로 메운 옹달샘 주변을 맴도는 꼴을 또 보고 있다.

정 운 영

| 차례 |

■ 시인의 말

1 안반데기의 꿈

기차 바퀴의 눈 2

3 철새의 품

봄볕에 그을린 아지랑이 4

| 해설 |

1

안반데기의 꿈

안반데기의 꿈

왕산 대기리에 사는 우리 형은 소작농이었습니다
소작의 품을 모아 안반데기 귀퉁이 몇 뼘을 샀습니다
몇 뼘 되지도 않지만 발바닥은 붙이고 곡괭이질은 할 수 있으니
자갈에 뿌리를 내린 배추가 푸르게 푸르게 짙어지려는 것처럼
남들이 뭐라 하든 야무진 꿈을 꿀 수 있었답니다

10년에 한 번쯤은 배추가 금추가 되는 해가 있습니다
금추가 된 이듬해 고만한 밭뙈기를 마련한 것이 욕심이었다지요
해마다 똥값이 되는 걸 부정했다지요
똥값도 아까웠는지 하늘은 억수장마로 답을 했다지요
자갈밭에 자갈에 낀 흙부스러기도 쓸어갔답니다
조상을 모신 선산 산소 주변에 그래도 버티고 있던
돌아가실 때 심어놓은 아름드리 소나무를 베어 팔 작정을 하니
아무 것도 보이지 않는 안반데기 캄캄한 하늘이
뿌옇게 열리더랍니다

요즘 누가 지게를 집니까
털털거리나 힘은 장사인 경운기도 기어오르지 못하는
안반데기가 고마웠지요
쓸려간 흙을 수백 길 낭떠러지 아래에서 지게로 져서 되가져와
자갈을 축으로 고이고
고랑을 메우고
다시 도금한 배추 씨를 흩뿌리고
소나무 껍데기 같은 손바닥으로 하늘을 가렸답니다

안반데기에 움을 파고 자갈밭을 지키고 있는 우리 형은
처음과는 달리
되풀이되는 일상을 도움으로
안팎이 똑같이 담담합니다

우리 형이 거기 살고 있습니다

누이의 초롱꽃

누이가 시집가기 전날 깊은 밤
뜨락에 혼자 나와
돌담장 구석에 핀 초롱꽃을 꺾어서는
한 잎 두 잎 뜯어 살뜰히도 치마폭에 옮겨 담으며
어둠을 사르는 모습을 보았지요

고개를 떨어뜨리고
흰 바탕에 초롱꽃을
햇빛이 잘든 양지쪽으로 가져가서는
자주색으로 바뀐 어제를 가져오다가
고개를 바짝 곧추 세우고
자주색 바탕의 초롱꽃을
물어깨춤이 그대로 드러나 보이는 그림자 뒤에 숨겨서는
하얗게 지워지는 오늘을 만지작거리다
초롱꽃으로 예쁘게 단장시킨 동생들에게
지금 코를 맞대고 말하듯이 뇌까렸습니다

이제부터는 이리저리 마음대로 마음을 움직일 수도 없을 거야

햇빛에 요랬다 조랬다 했으면서도
마냥 예쁜 마음으로 받아들이라고만 했지
초롱꽃이 조렇게 빤히 속을 들여다보는데도 말이야
그래도 캄캄한 밤이면 초롱꽃이 등불이었으면 했어
그랬었나?
얼굴에 침을 뱉듯 묻고 있었습니다

문풍지를 가운데 두고
흔들리는 물어깨춤을
초롱꽃에 매다는 뒷모습을 보았어
그랬으면 어때
내일 좀 달려와 다시 그래
요랬다 조랬다 다시 그래

외갓집

꿈속에서도 달려가고 싶어
새벽 입석 완행열차를 온종일 타고
버스조차 없는 삼십여 리 산길을 걸어
초가지붕 박꽃이 나의 심장을 휘감아
피어나는 할머니 품속

온 뜰에 삼실을 안방에 불러와
어른어른 호롱불 앞에서
하늘 길 닿도록 물레를 잣다가
저물어가면서도 저물지 못하는 곳

머들 개울가
몸살 앓던 물길에서도
가을마다 제피향기
몸 털고 일어나 붉게 익어가는 곳

골짜기 상서천* 장맛비 올 때면
등 굽은 감나무 한 그루

왕매미 울음소리에도 가슴조이며
다랑논 서러운 백발의 회한을 짊어지고 있다

*상서천: 경주시 양남면 기구리에 있는 하천이름

밥상을 들고 안방 문을 열다

민들레 이파리를 뜯어와 된장에 무쳐 냈다
누워 있지만 말고
무거운 발걸음을 좀 덜어주면 어떠냐고 묻는다
보도블록 틈을 벌려
사이에서 죽다 산 민들레 뿌리까지 뽑아온 건 아닌지
말도 건네기 전에 속을 알아챈 듯 눈을 흘긴다
서로 소리를 삼간지가 오래인데도
오늘 따라 이불 속에서 궁상을 떤 것이 있어선지
후들거리는 다리에 짜증이 묻어난다
고개를 돌리며 등 뒤로 보며
먼저 따로 차린 상 앞에 털썩 주저앉았고
쩝쩝 소리 내며 봄내 나물이고 뭐고 잘근잘근 씹어버린다

밥상을 들고 안방 문고리를 당겨 주었으면 해서
바라보니 눈을 감아버린다
상을 들지 않았다면 문고리를 발로 당길 수 있었다
여러 번 해보았으니까
한 손으로 들고 당기려 한다

잘하면 열 수 있을 것 같다
잘못하면 문을 여는 게 문제가 아닐 수도 있다
신중한 듯 보여줘야 한다
잘못했다
열지도 못하고 몽땅 뒤집어버렸다
그럴 줄 알았다
알아서인지 아무렇지도 않다
아무 일도 없는 듯 소리 내어 식사를 하고 있다

국 한 술 뜨다 냉수를 들이켜다

아지랑이가 일어도 보이지 않은지 오래인데
먹지 않아도 고픈지 아닌지 모른지가 오래인데
갈증에 지쳐 새벽에 데운 국그릇에서
모락모락 피어나는 거라니
또렷이 피어나서인지 국물이 바짝 졸았는데도 달다
혀끝에서는
같이 한 술씩 나눠 달면 좋지 않을까
그만 쓰다 짜져버렸다
그만 국그릇이 보이지 않는다

밀쳐낸 국그릇이 발치에서 째려보고 있다
그 자리가 내 자리인데 거기 있게 해 미안하다
거기 있어온 게 미안하다
미안한 게 졸고 졸은 꼴로 있어 와서
거기도 내 자리가 아니었어
분명히 전하고도 거기 있어 왔고
있으려고 또 하니
울고 있는 나이가 미쳤느냐 묻다가

듣느냐 닦아대다가 돌아버리겠단다
도대체 언제 어디에서고
무엇이든 갖다 붙이니
돌아버리겠다고
저며지고 절여진 꼴로는
아마 오래 못가니
들이켠 냉수 그릇도 가져가란다

등댓불을 밟으며

어머니가 말라면 않겠다고 했으면서

새악시가 시린 등댓불을
새도록 곱은 손으로 쓰다듬는다는 어머니의 말에
파도를 거꾸로 다스린 속을 감당키 어려워
다시는 다시는 가까이 가지도 말라며
내동이친 오징어 살점을 등댓불에 절여 도렸다지
이후로
하얗게 샌 머리카락을 골라 주며
어머니는 어머니와 누눅해진 이불을 적시고 적셨다지
흰 수건으로 빠진 머리를 가리고
맵고 신 덕장 길을 한달음에 내달린 포구에서
아버지는 부끄럽다 물마중도 다시는 말랬다지
한 숨 붙인 머리맡에서
뾰족한 말투로 물배웅만이라도 허락하라 졸랐지만
낚시에 꿰인 대광주리를 이고
앞서가는 어머니만으로도 충분했다지
이후로

아버지가 말라면 않겠다고 했다지
등댓불을 밟지 말라던
어머니의 어머니의 말을 들려주며
않겠다고 약속하랬지

않겠다고 했으면서 등댓불 아래 서 있다

닭서리 고스톱

어제 영수네집 처마에 동지섣달 그믐밤이 걸렸더라
성교를 불러내어 귀찮은 눈치를 부여잡고
간절히 부탁했더니
엉덩이에 한 사발 막걸리를 꿰어차고 일어나 주더라
명산공월 화투 한 목을 튀긴 닭 모가지에 걸고
어머니 계셔요 여쭸더니
어두운 눈을 귀에 걸고 빼꼼히 문을 열어 보다가
고만 맨발로 나와 맞아주더라
속이 문드러져 일체 않았다면서도
한 사발 들이켜 주시면서 한 판 할래
민화투로
느는 민화투 싫제
고스톱은 복잡해 머리가 따라가 주질 않아
그래 느들끼리 먼저 쳐라
내 실한 눔 금방 잡아 올 테니

말 한줌 해봐라
어디서 닭서리 망을 보고 있는지

말도 꺼내기 전에 네 어머니의 용서를
용서를 빈다
한 움큼 말 좀 전해다오
민화투 총기는 아직 그대로인 어머니에게

쥐불 연서

쥐불싸움대장은 언제나 순원이 형

쥐불쏘시개 공급 담당
동네 쥐 몰이 담당
명령 하달 전달 작전 참모
행동대장 장렬한 돌격대장
모두 기꺼이 우겨서 차지한 나

승전의 오곡밥 잔치
가운데 순원이 형
좌로 배식 담당 누나
살 냄새가 속이 막 달아오르는 바로 옆자리
순원이 형보다 나이가 많은 누나
관솔연기 그을음 속에서도 달보다 환한 얼굴
쥐란 쥐는 죄다 쫓겨 감을 보고

동치미 국물 살얼음에 새카만 조막손 저어 쓴 쥐불 연서

어머니의 호박

그 아이가 남몰래 구덩이를 파고 냄새를 지우려 한 손으로 코를 막고 한 손으로 허공을 휘저으며 똥을 누고 간 자리가 어디였더라 어디였더라 어디였더라 그렇지 한 질도 더 자란 풀숲 부근일 거야 옳거니 아직도 덜 여문 냄새가 대롱대롱 줄기 끝에 매달려있네 참다가 지렸나 보네 고맙게도 많이도 싸 놓았네 아이야 조금만 기다려라 뙤약볕에도 가슴에서 나온 이파리는 고단하여 벌겋게 달아오른 네 정수리를 가릴 만큼은 커질 게다 그 때 즈음이면 애호박도 오줌 줄기보다는 굵어지겠지 전을 부쳐 기다리마 아니 호박잎에 싸서 올 때까지 잘 보관해 두마 가을이면 알다시피 넝쿨이 얽혀 초막이 되지 않니 거기에 두면 손 탈 일도 없단다 멍울이 배어나와 누렇게 변하더라도 걱정하지 마라 해를 넘겨도 괜찮다 조급해 하지 마라 네 자리는 언제나 여기에서 온전하게 지킬 테니 사는데 열심이어라 아무 것도 걱정하지 않아도 될 것이 아무리 뒤져도 보이지 않는 곳에 씨호박 하나는 숨겨두마

나락매상 하는 날

나락을 실은 경운기가
새벽을 털털거리며 시오리 길을 흔들고 들어서고 있다
등급을 좌지우지 하는 검사원이 도착하기 전에
얌전히 나락을 내려놓고
그들끼리는 다소 통해 보이는 면서기에게
배꼽 인사를 건네며
하얀 면장갑을 끼워주면서
민물 매운탕을 이고 온 아내에게
막걸리 한 잔 치라 한다
뒷짐 짓고 큰 기침을 뱉고 있는 면장님에게도

공정한 판정을 위해 변론은 해봐야지
올여름 수해로 나락은 시꺼매도
알곡은 멀쩡하다고 껍질을 씹어보인다
가마니에 등급 낮은 녹색안경 도장이 찍히는 순간
씹어 삼키던 벼 껍질이 목에 걸렸다
학자금에 농협 빚은 어떡하라고
에이 씨팔

술이나 먹자
매상이 끝났으니 술판이 화투판으로
앞뒤는 나중에 가리자는
매상대금 반이나 날린 개판이 된다

낙천리* 김 이장님 여전하십니다
정 주사 그 때가 좋았어
뭐가요
요즘은 매상이 차례도 오지 않아
통일벼는 심지도 않잖아요
맛이 없어 먹던 말든 팔아줬잖아
그 양반이 천년만년 했어야 했는데
왜요
왜는 무슨 왜
그렇다니까

*낙천리 : 정선군 임계면에 있는 농촌마을

목울대에 차오른 솔바위

집에서 길 없는 철길을 따라 걷다가 돌아보고 돌아가서 손을 내밀어야 하는 것이 덜 여문 동생의 종아리 때문이기도 하지만 가장자리에서 없는 듯 숨죽여 사는 가세마을* 곁에서 이러지도 저러지도 못하는 조개 새끼들이나 모여 사는 손바닥만 한 해평 백사장 앞 두어 길 물속에 볕 받아 홍조를 띠거나 그늘에서도 머리카락을 흔들어 짭조름한 갈색 향기를 내뿜는 솔바위 형제를 만나기 위해서였다

형제는 아무도 모르는 비밀의 방을 꾸몄다 흔하디흔한 조개껍질을 부끄러워 해초로 쟁기고 위장하여 속속들이 구멍을 파서 만든 마음의 창고에 숨겨두고 서로가 모르는 구석은 없는지 아니면 누군가에게 들킬까봐 조막손의 그 힘든 노동이 끝나고 돌아서면서부터 가슴을 졸였다

조개껍질에 반짝반짝 굴 껍질이 붙었다 굴 껍질에서 파래 이파리가 돋았다 홍합이 다닥다닥 붙어 뜯어먹고 속 살점이 한 입 크기로 그득하고 전복이 얼굴 만해 지다니

비가 오면 바람이 불면 파도가 거세게 치면 바위가 성할까 바위 구멍은 무너져 내리지 않을까 가서 보아야 했다 불알만 가리고 물속엘 들어가 보아야 했다 동생은 비닐우산을 쓰고 미역귀와 맞바꾼 세모 술 빵을 비에 적시며 동동 발을 구르며 나오기만을 간절히 간절히 재촉했다

손바닥만 한 백사장이 패여 나가고 있다 벌거숭이가 된 솔바위는 파도에 깎여 물 밖에서는 보이지 않을 정도로 작아졌다 그때는 보이지 않던 정체도 알 수 없는 구역질나는 이끼에 덮여있다 솔바위 부스러기가 속으로 들어와 쌓인다 목울대까지 차올랐고 쿡쿡 찔러대는 솔잎이라니

*가세마을 : 동해시 천곡동에 있는 작은 해변마을

물망치 기제사

아비지의 기제사날이다
묵호, 시커먼 무연탄으로
시커멓게 바닷물을 반죽하였으나
귀가 길은 아이의 새까만 눈이 밟히는
요란한 빈 수레바퀴 시커먼 소리뿐이었으니
늘 어판장에 들러
좌판에도 오르지 못하는 물망치를
거저 얻다시피 하여 부엌에 내려놓고선
어머니의 가시투성이 고기 손질을 피하시곤 했다

술 먹는 어른한테는 대가리가 속에 훨씬 낫고
잔가시를 꼭꼭 씹어야 좋은 너희에겐
몸뚱이에 붙어있는 억센 지느러미만 떼어내면 된다
쫄깃쫄깃한 문어는 대가리 속에 먹물이 들어 있으니
머리에 든 먹물로 살 수 있을 때 욕심을 부리자 했다

큼지막한 문어 한 마리를 먹물 가격으로 교환하고
돌아서더라니

물망치 그 큰 눈이 어른거렸다
갱국 옆에 비린내 나는 물망치국을 올리고 나니
아버지의 아버님의 기억으로 차린 제사상처럼
나중에 물망치국이 오를 자리가 있을는지
아이와 아이의 아이에게 무엇일지
지금이 걱정이다

다랑논 등고선

살얼음에 허물어지고 있다
먼동이 트기 전인데 눈물을 흘리고 있다
볏짚을 태운 연기를
무너지는 어깨에 시커멓게 메고
꽁꽁 언 겨울바람에 얹혀 가기도 하고
안고 떠나고 있다

에움길 벼랑 앞에 서서
다시는 돌아오지 않겠다고
산마루 허공에 걸어놓은 작정
이마에 주름살 층층이 배기면
그 때 돌아올지도 몰라
주춤주춤 서성거렸지

서러운 가난이 사랑하게 했고
나락을 움켜쥔 지긋함에 사랑했는데
혹시나 보릿고개 넘고 넘은 기억이
되살아나지 않았을까

허물어진 다랑논 등고선을
다시 그으며

청보리 우는 소리

키만큼 자란 청보리가
육성회비로 집으로 되돌려 보내진 아이에게
아침부터 배가 고픈 아이에게
춘궁의 절정을 절레절레 고개를 저으며
종달새 높이 솟는 울음에 물어보라 한다
아이는 저 빳빳한 청보리 대가리가 싫다
속이 없으니 숙이지 못하지
속이 없으니 꺾어 버리겠어
가슴이 모조리 문드러진 교실보다
청보리밭 물결 속에 숨으면 싶어
부모님도 모르게 하늘을 가리고 싶어
이파리 털가시로 눈을 훑는다
그래야 되는 것이 배고픔이라
짚불 위에 모가지를 꺾어 올리면
찔끔 청보리가 울면서 흘린 눈물이나마
입술에 시커멓게 묻힐 수 있으니까

전학 간다며 땡땡이 친 진원이와
동무가 되어 그러던 맥 빠졌던 봄날로
초등학교 옆 청보리밭으로 간다

사진 속의 겨울옷

매화 이파리를 흔들어 떨어뜨리면서
환한 향에 콧물을 묻혀가면서
물들은 양 하얗게 눈알을 흘기면서
마려운 듯 간절하게 손바닥을 비비면서
도무지 시린 모양 그대로이니
질근질근 칭얼거리면서

앞에서 자세를 취하다
뒤에서 가지를 벌려 사이로 얼굴을 내밀다가
기대어 옆자리를 자기 것인 양 차지하고 있다가
앉아서 올려다보다가
누워서 턱을 괴고 조금은 먼 데 보는 듯하다가
거꾸로 서서 한 잎 물고도 보다가
가랑이를 벌리고 걸터앉아 있다가

아이고
가랑이 같잖은 짓거리에 찢어지겠네
자잘한 가지
동여매며 새움 돋게 하겠다네

2

기차 바퀴의 눈

기차 바퀴의 눈

기차레일의 흔들림에 귀를 맞대고
기적 소리에 허공이 갈라지는지
허공 너머로 번져 나가 내일을 잇게 하려는지
그늘진 시간을 조바심으로 메워 갔던
아이와
간헐적이나마 오고 감이 있는 간이역에서
지나온 길을 돌아보며
휘청대며 다가오는 아이와의 조우를
당연시 하면서도
또 한 아이는 젖은 눈썹으로 앞을 가리고 있다

역무원이 남기고 떠난 지천명이
역사의 문고리에 매달려 있고
거미줄에 걸린 짐 보따리에 꽂아놓은
이미 시든 코스모스의 이순이
허기진 거미의 작업이 끝날 즈음
맥없이 떨어지고 스러질 게 또렷이 보인다

바퀴에 얹힌 무거운 짐을
내려놓으려는 심사를
뚫린 눈이라고 바라보긴 하는 짓과
버거워 한 짐 더 올려놓으려는 아이의 갈증을
가슴에 얹어놓고

차가운 화통에 다시 불을 지필 것인가
구멍 난 낙엽을 연기로나마 메울 것인가
모두 내려놓고
촘촘히 그늘진 시간을 다시 빼곡히 채울 수 있을지
이고 진
기차 바퀴의 눈으로 가늠해 본다

아버지

오남 일녀 셋째 아들로 태어나
다랑논 일곱 마지기로 부모님 봉양하다가
6.25.전쟁 때 군에 삼형제가 징집되어
첫째 형님은 총상으로 후송되고
둘째 형님은 전사한 줄도 모른 채
소식 끊긴 압록강전투에서
구사일생으로 목숨 부지하여
온 산천에 길을 물어
원산항에서 마지막으로 철수하는
미군함과 인연 닿아 도착한 묵호항

살아 돌아온 기쁨도 잠시
한 순간에 사라진 형님생각에 잠 못 이루다
항구의 푸른 꿈은 말없이 떠나고
검은 부두 노동으로
바보처럼 어깨에 살갗이 벗겨져도
가족 몰래 밤새 앓다가
태풍에도 아랑곳 하지 않고

새벽 미끄러운 붉은 언덕길을 걸어
항운노조 시린 부두 낯선 외국화물선 앞에서
바람 불어도 무연탄가루에 온몸 맡기고
바람 그치기만 기다리던 아버지

느릅재* 길

유년시절
검정고무신 벗어 올챙이 잡으며
다랑논 따라 걷던 길

종달새 솟구치는 울음소리에
진달래 꽃, 찔레 순 꺾어먹으며
허기를 달랬던 길

돌아와 보니
다랑논은 온데간데 없고
어물장수 땀 식히던 고갯마루
시원한 바람도 사라진 고갯길

절도 없는 탑산에
눈물 같은 사연을 간직한 돌탑들이
아이의 발자국을 기억하고
돌 밖으로 마중 나오고 있다

*느릅재: 동해시 골말마을과 만우마을을 잇는 산의 고개이름

산사 가는 길

이른 새벽
은은히 들려오는 범종소리에
합장하는 어머니처럼

산사입구 모과나무 함초롬히
이슬을 머금은 채
연분홍저고리를 입고 있다

등 굽은
어머니의 야윈 몸이
연등처럼 바람에 흔들리고 있다

내 마음 연등에 비춰보면
어머니의 기도소리 귓전에 들려오는
운무내린 길

전천

장날 아버지 따라 건던 뚝방길에는
버거운 장짐 걸음만큼이나
말없는 강물이 흐르고 있다

갈대 한적한 물새소리에
사랑하다 들킨 똥고 줄행랑 치고
잠이 깬 민물 게는 게거품을 뿜어내며
창백한 낮달을 째려본다

흥정소리 하루 종일 끊이지 않는
오일장터 좌판에 앉아
늙은 주모와 막걸리를 마시다 취해
장돌뱅이 서둘러 물결 따라 길 떠난
늦가을 저무는 전천

내 마음에 바람이 분다
다들 강물처럼 만나
어디론가 흘러가고 있는데
나는 너무 늦었나보다
갈대숲에 갇혀

아내

얼굴에 열이 나고
온몸이 그전 같지 않다고
아이처럼 투정부리는
아내의 말을 이제는 알 것 같다

바닷가에서 태어나
육고기는 입에도 못 대
생선가시 발라먹으며 맞벌이 하는 동안
아내의 만월이던 달이 조금씩 기울어가나 보다

바다를 떠나서는 살 수 없는 아내에게
며칠 바람 쐬러 가자는 말에
밤새 뒤척이고 뒤척이다
내일 모레 글피로 미루고 있다

집 한 채 짓고 싶다는 그 곳에 가면
말없는 눈빛만으로
달그림자 서러움을 달래줄 것만 같은데
오늘도 바쁜 숨 고르며
힘든 출근을 하고 있다

처갓집

정라진 항구 어촌마을
도로가 마당인 처갓집
수많은 사람 손때 묻은 문고리가
잠 길에도 귀를 기울이고 있다

뒷산등성이 나리골에 나리꽃이 필 때면
가파른 언덕 오징어로 도배하고
항구의 선술집 물길 따라
홍청대는 갈매기 소리

네길 내길 따로 없어 친척보다 더 가까운
오랍드리 박선장 만선되어 돌아오면은
그물에 다친 이지가지 생선 가져와
장모님은 최서방 정서방 불러 모으시고
암탉대신 매운탕 잡고기회무침에 소주 한 잔

집어등 불빛 따라와
언 손 불며 낚시점으로 청춘 다 바친

장인어른 넋두리는 이제 시작되는데
어쩌자고 저녁노을은
이리 빨리
이 마을을 붉게 물들이고 있는가

내일을 준비한다는 것에 대하여

차곡차곡 채우면서 즐거웠거나
쌓았다가 조금씩 소모하면 다시 새롭게 쌓이어서
누구든 알면 부끄러울 수 있으니
혼자서 뒤돌아서서 미소를 지은 속내가 있었다

진흙 구덩이에 빠진 몸뚱이를 바라보면서
빠져나가리라 무진 애를 썼으나
나온 다음에 다가온 아주 낯선 문 앞에서는
구석구석 자리 잡고 있는 수많은 세계와 접한
이해 못할 나를 봄이며
알고 있었다고 믿은 나를 도무지 알지 못함을
아니
나와 나는 무슨 교감이 있었는지 모르겠고
있었더라도 찌그러진 술잔에 가래침을 뱉은 것에 불과함을
아니
불쾌한 여운을 손바닥 지문에 얹어놓고
지문이 지워지도록 기억들을 사포로 밀어 없애고 있다

떨어진 꽃잎의 사라진 향기를
피기나 했는지 물어는 보고
밤이 밝히고 있는 헤매다 지친 별빛에다가
어제를 보는 기준이 결국 지금이구나
생각은 한다

해우소 위에 운주사*

구름으로 기둥을 세운 운주사에서
구름이 눈처럼 부서져
녹기도 전에 켜켜이 쌓여만 가면
제일 먼저 해우소의 번뇌가 걱정이 되고
처사님이 오시면 참으랄 걸 참으라지 싶어
내리는 내내 쓸고 또 쓸고 있다는
없는 기별이 왔다

인도보다 찻길을 먼저 내라는 주문에 치여
설설 미끄러지며 올라가는 제설차 시커먼 매연 꼬리에
염화칼슘을 매달고 애바삐 왔으나 늦었다라니
하늘에서 내려오는 눈에다가 그게 무슨 짓이야
눈이나 녹이지 그 여문 찻길도 흠집이 난다면서
덜 여문 사람 길은 멀쩡하겠어
그 짓 끝에 시커먼 눈을 볼 거야

해우소 가는 길만 터놓으면 되겠다
계면쩍게 말하다 말고

없는 길을 내면 무에 쓸꼬
발자국만 찍어 놓으면
넉넉히 거기 있음을
아니
이미 방향을 아는데 그 짓은 또 무언고
데운 차보다 곡차로 데우면
처사님 내려갈 길이 쉽지
해우소 지붕 위로 올라가며
무너지지만 않으면 돼

그래도 무선전화기 속의 악다구니를 드리려다
안연하던 운주사 동경 소리에 부끄러워졌다

*운주사 : 동해시 초구동에 있는 사찰

선술집 백열등

흔들리는 달그림자 기어들 듯
해풍에 긁히고 매달리고 얹혀
무너질 듯 주저앉아 길게 목을 늘이니
고개는 못 돌리고 눈길을 내려놓을 수밖에

하늘에 걸린 기름 값으로 버무린
말짱 도루묵 몇 마리 던져주고
다들 좋으라고 맺은 개방 약속으로
똥값이 된 소 막창과 바꿔줘라 한다
이미 똥값이 된 쌀 막걸리 한 되 덤으로 얹으라니
같이 흔들릴 수밖에

무에 그리 바쁜지
다구치 듯 쏟아 부으니
이미 거미줄 친 목구멍은 달게 받기는 하나
꺼억 꺽 트림에 지친 속이 들여다보이고
뱃속을 채워줘야 할 입들이
귓전에 대고 악다구니를 잘근잘근 씹어대니

귀를 막고
떨어뜨린 고개를 맥없이 끄덕일 수밖에

찌그러진 주전자에 담아야 했나
술잔에 담뱃재를 털어 삼켰으니
참을 수 없어 뱉어내고 싶으나
뱉기도 전에 목이 메고
메인 목으로라도 살아야 하는 까닭을
멍하니 하늘만 쳐다보는 흐린 눈으로 전하니
절고 절어 뿌옇다

기여금납입완료통지서

삼십삼 년이 언제 지나나
올 것 같지 않던 그 날
기여금납입완료통지서가 전달되었다
하루하루 쌓여 가는 것이야 당연하지만
이미 한계 또한 알고 있었다
그런데도 쌓인다는 게 싫지는 않았다
그 날이 왔고
이제는 더 납입하지 않아도 된다

더 납입하지 않아도 되면?
더 쌓이지도 않으면?
도대체 이게 무엇이지?
도대체 쌓인 게 또 있긴 있는 건가?

남은 시간에 나눠 보자
책에다 조금 주고
글에다 조금 더 주고
무목적의 목적을 위해 시방을 쏘다닐까?

그렇지
아이에게는 나눠야지
아내와도 나눠야지
가족에게도 조금 나눠야지
친구에게도 그래야 될 것 같아

도대체 쌓인 게 또 있긴 있는 건가?

봄을 타는 남자들의 소행

백목련이 멋대로 만개했다
목련꽃 이파리를 소주잔에 띄워보자는
고렇게 반가운 저녁
돼지갈비 안주가 철철 핏빛으로 꿈틀대는데
성질 급한 친구는 좌측으로 잔을 돌리고
성질 없는 친구는 우측으로 소주잔을 돌리며
이파리 한 쪽 입술에 붙인다
안면에 늘 뽀얀 미소를 머금은 여인네가
별일이네
오늘은 안주가 바뀌었네
없는 사람 욕하기는 이제는 않으려나 보네
그 딱딱한 사무실 마당에도
쓸데없이 헤적이는 봄이 왔다네
서로의 하얀 이빨을 마주 보며
봄을 보고 왔다네
오늘은 술값 먼저 내려 싸움하겠네

지갑을 나중에 연 친구는

늘 미안하고 고마운 집을 소개한다
우린 멕시코에 가본 적도 데킬라를 마셔 본 적도 없는데
그 여인네 차려내며
엄지와 검지사이에 소금을 끼어 넣고
조금씩 핥은 다음
얇게 저민 레몬 내음으로 입을 헹구면
잊고 있던 불러도 올 리 없는 친구에 친구의 목소리가
귀에 걸린다지

이국 물에 타 마신 기대와 자유의 자정
남자도 봄을 타는지
꽃샘추위에도 뜨락 가득 만개한 백목련이
술이 깨고 나면 질까봐 걱정되는 밤이다

동녘모임

내년이면 퇴직할 친구모임에서
다들 이슬에 거나하게 젖었는데
또 무슨 미련이 남아
이주민상가* 모퉁이에서 다시 만난 친구들

소싯적 소주병을 쥐다 이빨로 따다 이를 다친
자랑 아닌 자랑을 늘어놓던 친구는
소주병 모가지 사선에 자존심을 걸어놓고
병뚜까리 돌리기로 술잔을 재촉한다

제비친구는 제비처럼 잘도 비켜 가는데
안 마시려하면 술잔은 어김없이 돌아오고
모두 취해
날리는 눈송이 바라보며
먼저 직장 떠난 친구 불러 앉히고 싶은
한 지붕 아래서
울고 웃던 삼십여 년 세월

돌아서 보면 오가는 사람도 없는
눈길에
숨어든 바람이 지나가는 자리
낡은 추억을 접어든 동녘모임의 발자국
외로움을 져내고 있다

*이주민상가 : 동해시 천곡동에 있는 상가이름

어달리*에 봄이 오면

어달리 앞바다 거센 물살이 뱃머리를 흔든다
배운 건 물질밖에 없는 팔순이 다 된 해녀는
더 이상 물때를 기다릴 수 없어
성질 급한 바다를 달랜다

저 바다 소라껍질 같은 귀가 있는지
애절한 간청에 물살이 잦아들고
아무도 몰래 피는
미역 보리톳 사이로 물질을 한다

남편 약값과 아이 학비 걱정에
물속에 따라나선 청춘
숨비소리로 아이 키워 시집장가 보내고
남편 먼저 떠나보낸 바다를 안고서
울음소리를 감췄던 세월

어달리에 봄이 오면
위로받는 바다의 아픔이

고단한 삶을 멈출 수가 없어
지느러미를 펼치고 있다

*어달리 : 동해시 어달동에 있는 해변마을

기차바퀴가 전하는 소리

새벽 기차는 오늘도
새까만 망각을
레일에 깔면서 달려가고 있다

방황을 결코 용납지 않겠다고
기차를 타고 두렵고도 먼 길을 떠나던 날
침목 위에 벌써 널브러진 구멍 뚫린 낙엽을 올려놓고
지나가면 흔적도 없이 사라지겠지만
오며 가며 바퀴에 지속적으로 깔릴 것이니
온기는 지속될 테지

전봇대에 걸터앉았다가
감전되어 덜덜덜 떨고 있는
오도가도 못 하고 정수리부터 벗겨지고 있는
담쟁이는
돌아오는 기차에 대고
악다구니 처절한 망각에 대고
평행선만 긋느냐
묻는다

3

철새의 품

철새의 품

시간을 내려놓는 살점을 도려내는 냉기가
깃털 속으로 기어 들어와
간직한 품안의 온기마저 뺏고
자궁 안에까지 얼음 알갱이를 들이미는 데야
틀어놓은 둥지가 아무리 귀하다고는 하나
엉덩이를 들썩이지 않을 수 없었을 게다

이물질이 생을 잇게 하는 씨방에 들어와
받아도 되지 않은 씨앗과 자리싸움을 하니
나의 씨도 걱정이지만
얼음이기 전에는 정지된 북극의 순환체
아래로 흐르다 데워지면 다시
공중으로 날아올랐던 물의 순환이 안타까워
온전한 성장을 어떻게 도울지는 몰라도
되돌리려는 의지도 아무 것도 알지 못하지만
결국은 태양의 처마 밑에 자리를 얻기 위해
수만 리 수천억 번의 날갯짓을 감당했을 게다

날갯짓이 감당한 물의 자유가
씨가 형상화될 때까지 한 몸으로 알고
땅바닥에 떨어져 깨질까
함께 품었던 것인데
하나는 자신과 똑 같고
하나는 흐르는 원래의 모습으로 돌아가니
품을 거두고 날갯짓을 지도하며
꼬리에 매달고 되돌아가면서
누구에게는 내어 줄 품이 없는가
묻는 게다

구부러진 구절초

빛바랜 가을이 구부러진 구절초 이파리 옆에서
감기가 들었는지 기침을 하고 있다
아홉 마디 마디마다
계절이 바뀔 때마다 조금씩 휘어지는 속내를
알고나 있는 듯
깊어지면 짙어지는 가래를 뱉지도 못하고
바라만 보는 모양으로
달빛 아래 그림자 길게 늘이고 있다

가을이란 내일 앞에서 엉뚱한 말을 하지
함부로 그날처럼 구절초 곁에 앉지 마세요
이파리에 냉증을 다스리는 지독한 약효 때문이지요
약이 되기 전에 잠시 곁에 서 있다가 그냥 가세요
너무 오래 보면 충혈이 됩니다
충혈도 다스리는 구절초로 내버려 두지 마세요
술이 취해 서너 잎 뜯어
숙취는 해소했지만
숙취 끝에 복통에 설사가 옵니다

그래요
서너 잎 뜯어 잘근잘근 씹으면서
있던 데로 가서
아무 일도 없었는 듯
수고하신 만큼 향기에 취해
푹 주무세요

이끼의 손

가을이 주머니 속으로 들어가 동면을 준비하고 있다

가끔 주머니를 열어 햇볕에 보이기를 잘 했다 싶다
햇볕에 지쳐 이불 속으로 들어가 축축하게 누여두기도 잘 한 듯싶다
주야장창 마시면서 주머니를 뒤집어 턴 이유도 참 잘 붙였다 싶다
어디 벌거벗고 다녀도 좋을 데 없을까
살갗을 바싹 태워야 숨어있다 더 시퍼렇게 우거진다고들 하니까
살 속을 파고 들어가 없는 듯 있으니
가는지 오는지 도무지 알 수 없어 좋으니까
가끔 몸뚱이를 움직이는 것도 되풀이 하고 싶어서라 해도 된다
목소리를 높여 지껄여 주면 더 좋아
킬킬킬 같이 높이며 킬킬댈 수 있으니까
오줌을 찔끔대길 잘 했다 싶다
낮에는 몰라도 밤에는 퍼렇게 일어났으니까

축축한 사타구니가 숨을 이을 수 잇게 하지 않았나 싶어서

주머니 속에서 따뜻이 꼼지락대기는 하는데……

이끼의 코

누렇게 변색된 거죽을 걷고 풀썩 눌러앉았더니
멀쩡한 이끼가 더러운 엉덩이를 더 더럽혔다
욕설을 침에 담아 뱉고서는 벌렁 누웠더니
꼴도 없었던 것이 문드러져 고 모양 고대로인 것이
지워도 지워지지 않는 냄새를 배게 했다
벌겋게 빨아 붙인 담뱃불을 비볐더니
울컥 토한 그것의 냄새와 겨룬다
이건 도대체 냄새가 아니다
아니지 지독한 냄새를 감춘 냄새지

콧잔등을 씻고 번쩍이게 칠한 냄새다
냄새에 고개 돌린 부라린 눈알의 냄새다
풍긴다고 대책 없이 쏴 붙이다
돌아선 등에다 꽂은 말로만 사과한 냄새다
멀어져가는 발자국 소리에 시간을 얼버무린 냄새다
기어 나오는 냄새를 양치질로 가시며
아무렇지도 없는 듯이 한 냄새다
싸고 나면 줄어들겠지 확신한 냄새다

나 똥 싸러 간다

밤송이

외딴 산기슭
어디서 온 바람이
밤송이를 후드득 후드득 떨어뜨려
가을을 재촉하고 있다

봄부터 비릿한 향기로
뭇 아낙네 가슴 저리던
온갖 역경 달래며
청춘 다 바쳐 가시 속에서 누렇게 영근 삶

그 속에서 알알이 얼룩진 눈물
꿈속에서나 그리던
제가 가진 가장 소중한 것들을
바람불어와도 피하지 않고
바람에 몸 맡기고 있다

옥수수 대궁

달그림자에 매달았다가
충분히 적실 양이 되도록 기다렸다가
주르륵 떨어뜨려
질기고 아가리 큰 잎맥 맥마다에 배기게 한 다음
여분을 얼키설키 엉킨 머리카락에 다시 매달아 보이니
트림에 섞어
짭조름한 싫증난 이슬보다 들큼한 속 대궁을 보이라 했지
철이란 게 냄새나게 든
게걸스런 침이 섞인 잔반을 알량하게 들이대면서

바람을 보이려고
바람에 지친 잎맥만 골라
얇게 저며 저고리 동정에 붙이고
허옇게 바랜 술은 뽑아 버리고
누렇게 변색된 술이나마 빗질하여 치장을 하고
그러니 언제나 그대로인 듯
갈바람 스며들 틈이 없도록 하여
관절 부딪는 소리처럼

뿌드득 달려오는 아이에게
보이려고

도무지 들어볼 양도 없이 가벼워진
숭숭 바람 든 대궁 구멍에다 귀 기울이고 있었다

주름 잡힌 너럭바위

반딧불이 길게 꽁무니를 빼는 밤
달은 별빛에 자리를 내주고
구름 위에 오도카니 앉아 있고
외줄기 바람에 실려 왔으면
들리지 않는 인기척을 고대하는
풋내 쫓던 가랑잎이 흔적에 지쳐 부서지며 젖어있다

땡볕의 수줍음은 스스로 감은 눈
피어오르는 스러지는 안개 흔적에 있다
도무지 무서울 리 없는 천둥소리에 놀란 소나기는
안으로 파고들며 진한 단내를 내뿜으며
하얗게 하얗게 짙어가다 다슬기는
그만 속살을 보였고
까맣게 타들어간 다음에야 감췄다

절벽 아래를 내려다보며
외줄기 바람은 떨어진다
외줄기 바람은 혼자여서 떨어진다

떨어져야 또 혼자일 수 있어 떨어진다
골바람이 되어 거기 그 자리를 맴돈다
맴돌며 새기고 새기니
언제나 자리를 내주던 너럭바위
주름 잡혔다

설련화의 온기

그래도 겨울이 지쳐가는 때일 뿐입니다
언 눈이 맥을 못 추고
언 땅이 슬슬 기지개를 켜는 때
지쳐서 시름마저 놓아버리려는 때이지요
아주 구석지고 그늘진 산비탈에
아무도 모르게 있어야만
살이가 이어질 수 있도록
생겨난 게 문제였지요
그러니까 얼음의 온기로 살아야 하는
태생적 숙명이 아니라
누구도 어려워 침범을 꺼려한 먼 먼 옛날
가장 온전할 수 있어 깨닫고 선택한 방법이지요

새벽에 일어나는 습관이라면
내일도 새벽에 일어나겠지요
순환의 고리를 처음 잡아 당겨 연 것으로
고맙게 보아주시기보다
그저 순환의 앞에 서 있을 수밖에 없구나

여겨주시고
다만 눈 속에서의 첫 만남으로 인해
나도 살고
같이 살 수 있을 것 같다는
분명한 증거가 사라지지 않았음을
서로 확인하고
내일 또 만나야 하며
만나서는 첫눈을 가슴에 묻어두었다가
송글송글 시린 땀방울을 조금씩 흘려보내는
시퍼런 눈 속에 누군가 있음을 기억했으면 좋겠네요

백복령* 봄까치꽃

소금장수를 피해 엉덩이를 까고 오줌을 쌌고
오줌이 고뱅이에서 흘러내린 피를 변색시켜
모조리 변화시키지도 못하고
귀퉁이 한 쪽은 그대로 희고
잎맥이 생겨나 피 맺힌 기억을 돋은 그 쪽은
지치고 지쳐 자주색 감자이나
아주 맘에 드는 건
그 색에 미쳐 사는 지금이다

백복령을 넘으려다
미안해서
백 번 넘게 큰절하다
허리 다쳐
엎드려 땅바닥을 기었기에

붙이지도 않은 나의 이름이
봄에다가 까치이니
누가 납작이 엎드려 들여다보면
보일 것 같아서

지금이라고 하면 아니 될까

*백복령 : 동해시와 정선군을 잇는 산의 고갯길

새봉* 갯방풍

북새가 금진 곳에서 나타났고
늘 그렇듯
곧 이어 도직에서 모래바람이 일고
그 넓고 긴 망상해변에 사구를 형성하고도 모자라
노봉을 지나 대진까지 한꺼번에 삼키려 하고 있다
영역을 확장하려 북새를 끌어들인 욕심이 괘심하여
새봉이 막아서 있기는 하나
그냥 두어도 누구에게나 좋을 것을
낮은 키에 근력도 없어 보이니
힘없는 자에게는 그토록 당당한 이미 넘치도록 갖은 자들이
한 삽에 무너뜨릴 게 분명해 보인다
모래바닥에 뿌리를 내렸으니 밀면 밀릴 수밖에
새봉 언덕을 겨우 붙잡고 있는 갯방풍에게
아주 옅은 하얀 꽃 냄새로
무엇을 할 수 있겠냐
이름밖에 써먹을 게 더 있겠냐
서로 부둥켜안고 있다

*새봉 : 동해시 망상해변과 노봉해변을 경계 짓는 작은 봉우리

산으로 간 코스모스

산정에서는 독야청청할 것 같아서
인적이 없으니 살필 일도 없을 것 같아서
떨어뜨린 고개가 달빛에 또 짓눌려도 좋을 것 같아서
풀벌레에 뜯기더라도 이미 숭숭 뚫린 가슴인 데야
새악시가 되고파 긴 머리 나풀대던 소녀가 아닌 데야
살던 데가 오히려 낯설고 물 선 듯 한데야
별빛이 부시고 부끄러운 데야
말짱한 듯 질질 끌고
오르지도 못하고 기슭에 있다

옷섶을 여미고도 모자라
운해로 가리고 있다
가려도 드러나는 없어지지도 않는 꽃 이파리
감아도 똑똑 떨어지며 맺힌 이슬
숨줄도 모조리 거두었는데 어찌된 냄새인가

아직도 혼자인지
아니면 식구를 늘여
제 모습을 모조리 버렸는지
그 산엘 가서 보아야한다

동문산* 아까시

달빛이 허기져 아까시꽃에 매달려있었습니다

바다로 내달리는 문턱의 내일의 문이기는 하지만
태풍이 귀향을 돕지 않을 때가 많아서
바다에 닿은 꼬리 곶에
검은 바다 묵호의 홰이고자
등대를 세우고서
보이지 않아도 잊히지 않는
뿌연 아까시 향기를 부웅부웅
새도록 뿜어댔긴 했지만
돌아온 자와 돌아오지 못한 모두에게
배웅과 마중의 양면의 고통이
없는 듯 말을 건네지 않았습니다

뙈기밭 한 뼘도 가랑비에도 쓸려가니
논골이라 이름 붙이고
없는 데 어쩌냐
그냥 그대로 붙인 산지골에다

오징어 비린내를 붙들어 매어 놓고
아까시 향기에 조금씩 간을 맞춰
내어 놓은 뒤로는
허기가 덕장 뒤로 조금 물러서서는

달빛이 매달린 아까시를 바라보고 있습니다

*동문산 : 동해시 묵호동에 있는 산

납매(臘梅)

혜설픈 엄동설한
어제를 견디어온
낫지 않는 상처에 꽃이 핀다
하늘이 무너지는 천둥 같은 뼈아픔에도
눈물의 꽃이 피어있다

남 들다 몸 내린 선달에
잠시 햇빛을 받아
아리디 아린 눈망울을 달고
상처의 꽃잎은 또 어디로 떨어지는지
설레던 열망사이로 함박눈이 소복이 쌓인다

시샘달이 지나면
뼈아픔도 서러움도 다 눈처럼 녹아 가는데
올곧게 핀 언 꽃에
저린 상처의 기억이
지금은 스스로 위로하면서
노란미소로 피어 있다

산청 덕천서원 은행나무

산청 덕천서원 앞에 서있는 백발이 된 은행나무 한그루
혼자 서있기도 버거운데
벼슬은 고사하고 제자만 기른 조식 남명선생 분신처럼
자신의 몸 위에 벚나무와 느티나무를 자식처럼 품고 있다

아이가 커 갈수록 어미의 몸은 자꾸 부서진다
삭아가는 뼈에서 진액의 향기가 난다
바람은 세파에 시달린 세월을 기억하고 있다
나이테를 오백여 겹 휘감은
화석 같은 상처에도 삶이 피어있다

턱없이 부족한 이부자리를 자식에게 내어주고
지리산 천왕봉 찬바람을 견디고 있는
은행나무를 들여다보라
세상에 등 밀린 아이가
어미의 검은 상처위에서 푸른 별이 돋고 있다

봄 향기

봄 향기는
소소리바람 타고
풀 섶 위에 떠돌아다니다가
눈을 뜨면
수줍음을 살포시 가리고
겨울옷 벗어던지는 소리

문득 돌아보면
보도블록 틈새에 떨어진 민들레 씨 하나
봄비에 숨어
네 얼어붙은 가슴에 파고들어
굽이굽이 돌아 살러간 오두막집에
살랑이는 물결처럼
다가오는 발자국 소리

나무다리 너머
잠들어서 지워지지 않는 꿈을 키우기 위해
은퇴 후 귀농한 농부 권씨 찾아
잡힐 듯 다가오고 있네

4

봄별에 그을린 아지랑이

봄볕에 그을린 아지랑이

봄볕에 그을린 아지랑이라니

복사꽃 봉오리, 따라서 짙어갔고
옷고름 풀어 꼭 닮은 속살을 내보였는데
스쳐 지나칠 양 하다 그렇게 보여질까봐
준비되지 않았다는 변명과 함께 벌겋게 단 몸살을 보였다

비린내 역한 뱃전에 걸터앉아
입술을 깨물어 이슬을 뱉어내다니
집어등이 밝힌 쪽으로 다행히 고개를 돌렸는가 했는데
삭여왔던 모두를 툇마루에 가지런히 얹어놓고
흔들리는 그림자 길게 늘이며
허둥대는 삶을 따라 떠났다

먹구름이 지쳐 내려앉으려 하면
갈매기가 비린내를 물어 옮긴다
뱃전에 부딪쳐 부서진 가슴에서 따 옮겼다
떼로 몰려들어 속이 보이도록 물어뜯으니

샘이 생겼다
부서진 파도껍질이라면
스러지며 쓸려가련만
쌓이며 자리 잡고
무겁게 고여만 간다

낙숫물 속내

낙숫물 떨어지는 소리 속에
처마 끝에 한 줄로 서서 고드름만한 고추를 드러내놓고
오줌을 갈겨 내기를 하던 아이들이 들어있다
고드름을 샅에 넣고
단단히 여물게 한 뒤 갈기려다가
꽁꽁 얼어 부러질 뻔한 한 아이가 말간 눈빛으로 바라보고 있다
꼴찌를 한 아이는
어머니가 곧 시장에 갈 거라며
명태 눈깔을 응시하고 있다
가려는지 안 가려는지 대롱대롱 매달린 기대는 지쳐만 가니
한 방울 방울 낙숫물을 모아
어머니 오시면 마중물로 내겠다고
문지방 너머로 던져보지만
방문은 열리지 않고 문풍지만 원망스럽게 떤다
질기기도 하지
푸른 바람이 살가운 미소를 머금고
신아(新芽)를 내려놓을 때까지
그러고들 있었다

산으로 간 해무

시야를 가린 해무로 인해 한 뼘도 앞으로 나아갈 수 없을 것이 분명해서 쳐지고 늘어져 어렵겠지만 질질 끌고서라도 해무가 맺히고 맺힌 방울이 떨어지면 앞이 보일 것 같은 산속에다 던져버리라 했지

산사에 염불도 부탁해 주어야 하는 것이 지금은 떨고 있는 까닭에 함부로 내뱉었다가 주워 담지 못할 게 선히 보이는 때문이고 여울진 해무가 말라버리기 전에 반드시 꿇은 맨 무릎으로 다가가려는 뜻을 다잡아 주었으면 해서라 했지

덜 여문 가슴속으로 파도는 밀려왔고 어깨에 메고 그 길을 따라 오르는 동안 미안해서 미안해서 물어깨춤이라도 보이려는 꼴이라니

산문 앞에서 더 이상 걸음을 떼지 못하고 어디에도 없는 부끄러운 샛길로 든다

벌겋게 단 낙엽에 난 구멍 사이로 들어갔다 나왔다 하더라니 산정이다

산에서 우는 파도가 있었느니라 들린다 들린다

산죽에 핀 설화

그러니까 동해바다 한가운데에 있었습니다
한여름 뙤약볕에 그을려 뿌연 연기가 되어 구름에 섞이게 되었지요
몹시 춥습디다 얼어버렸지요
원래 없는 모양이었는데 생김이 생겼지요
보기가 어쨌는지는 눈이 없어서 잘 모르겠습니다만
주변에서 흔들어 댑디다 바람뿐만 아니라 같은 꼬라지를 한 것들도요
한 없이 떨어졌습니다
두타산 꼭대기 산죽에 떨어졌습니다
가만히 생각하니 여기에서 무릉계곡을 따라 전천*으로 흘러갔다가
동해바다에 섞였던 기억이 납디다
참 더럽게도 서글픕디다 이리 구르고 저리 떨어지고 산산이 부서지면서
부서진 꼴이 원래 모양이었습니다
산죽에 매달린 꼴을 보세요
이 꼴이 참 아름답다 하더라고요

의지와 관계없이 이래 되었습니다만
보아주니 되풀이 하겠습니다

*전천 : 동해시에서 가장 큰 하천이름

서성거리는 봄

살얼음을 머리에 이고
칼바람에 지쳐
퍼렇게 시퍼렇게 멍울만 짙어가더니만
옅은 단내가 섞인 실바람이 피부에 닿으니
서너 겹 거죽을 벗어 제쳤고
졸졸 냇물 소리까지 귓전을 간질이니
마지막 한 겹마저 죽죽 찢으며 화답을 하니
제 색을 띤 꽃망울이긴 한데
이번에도
아비가 된 아들은
아버님의 저미고 저민 살뜰한 봄은커녕
오고 감이 없는 무딘 계절에 갇혀
개화는 엄두도 내지 못하고
뒤란 그늘에서 꼼지락거릴 뿐이다

철지난 망상해변

여름 지나고 기적소리도 멎은
아무렇게나 팽개쳐진 망상해변에
내 가슴 캄캄한 터널 속 까지
무심히 파고드는 빈 파도소리

이 새벽은 언제나 고독을 불러와
낮은 숨소리마저 조심스러운
수많은 이들을 잠 깨워
해당화 붉게 눈물 흘리다 모래이슬에 진
그 빈자리를 시리게 한다

나는 어쩔 수 없는 고독의 숙취에 시달리다
참지 못한 네 울음에
가까이 다가가면
돋을볕을 해무로 잡고 있는 너는
또다시 내가 시린 거울에 주소 없는 엽서 쓰다
아프게 떠나가기만 기다리고 있다

아지랑이

아지랑이 속에는
문득 보고픈 얼굴 하나
아른거리고 있다

가슴조이며
가까이 다가가면
내게 무슨 말을 하려다
벌써 멀어져
신작로 가로수위로 올라가고 있다

말없는 허공이
아쉬워
떨리는 손으로 잡으려하면
돌아올 듯 나를 부르는 목소리

때 이른 봄
아지랑이 맴도는 언덕에는
아직 철없던 기억이 남아
흩어진 산수유꽃향기 불러 모으고 있다

윤슬

연등 달고 오는 외진 도랑가에
쪼그려 있다
떠내려가는 물풀 냄새를
흘겨보고 있다
자갈에 깔리거나
억지로 부둥켜안고 있다
졸졸 흐르며
귓가에 맴돌고 있다
내민 혀끝에 닿았다가
어깨 죽지에 옮겨 앉아 흔들고 있다
까맣게 내려앉은 그늘에서
저만치 거리를 두고 바라보고 있다

갯방풍이 내어준 자리

해송이 내어준 모퉁이에는
포말에 밀려 오도 가도 못한 해풍이
짭조름한 갯내도 포기하고
드문드문 수북하게 핀 갯방풍 옆에 쪼그리고 앉아
올망졸망 모양을 내는 거지요

다가가서
속이 보이지 않아 얼마나 졸였는데
웬 바람이 이 모양이지
바짓가랑이 젖는 게 두려우면
저 솔 오솔길 뾰족한 그쪽으로 가라지
내내 그렇게 서 있을 양 얼굴을 들이대니
저만치 눈길 끝에 자리를 매달아 주는 거라니

망상해변은 너무 넓어 그제?
가운데 축을 쌓아 나누면 어떨까?
아무리 넓어도 겨울이면 바닷물이 여기까지 와야 해
끌고 가서는 살뜰히 씻겨서 고대로 제자리에 두니까

망상해변은 너무 길어 그제?
북쪽 도직에 남쪽 대진에 축을 쌓아 줄일까?
거기까지 걸어가면 우리도 끝이겠네

말이 씨가 되어
작살이 난 망상 해변
혼자만 독야청청한 철길 옆에서
갯방풍에 젖도록 엉덩이를 내어주고서는
그래도 아직은 그대로인 해풍에다 대고
등 좀 긁어주면 싶어

납월 동살

밑창 터진 고무신 속으로 질척이며 진눈깨비가 들어온다
납월 동살이 하얗게 부서지며 지친 때문이라면
눈물을 거두고 싸락싸락 소리 지르며 와야 하는데
감나무 까치밥에 매단 퍼렇게 멍든 바람을
새끼에게 넘겨주고
허공을 쥐어뜯으며 삼켜 우는 어미의 속울음을 알아서일까

연유나 밝히고 집을 나갔어야지
어디서
한데 바람에나 섞어 보내려는지
무엇을 버무려 얼굴에 바르고
돌아와 안기려는지
떠난 뒤 왜 연유를 몰랐겠냐마는
동살이 납월에 더욱 부시니
까치 울음에 귀를 틀어막고
가물거리는 호롱불조차
긴 한숨으로 재워버리고
눈을 감고도 모자라 문풍지를 덧바르고 망연할 뿐이다

군불 기운이 떨어지니 새벽의 끝자락이다
동시(冬柹)를 윗목에 밀어놓고
떫은 바람만 까치밥에 다시 채운다

태풍 루사

화마는 태워지는 것만 재로 만들지만
흔적은 그대로 두긴 했는데
수마는 모조리 쓸고 가
물자리를 메워 살아야만 했던 사람들의
터조차 남겨두지 않았다
저들의 영역을 침범한 죄를 물었기로서니
먹고 사는 게 무에 죄가 된다고
앙상한 뼈만을 살벌하게 다시 드러내야만 했나

기억하라
그 뼈마디에 살을 붙이고
살 속에 피를 흐르게 하고
흐르는 피가 고동쳐 이룬 역사를
루사가 역사한 이래
다시 그 자리에서 예견되는 역사를 충분히 인식하고도
되풀이 할 수밖에 없었던 역사를
물길에 살 길을 내어야만 했던 처지와
처지가 푸르게푸르게 이어온 끈질긴 생명력을

너에게도 피와 살과 생명을 불어넣으니
다시 명심하라
네 길이 살 길이고
살 길이 네 길과 겹친다하여
서로가 나뉘어야 된다는 건 욕심에서 일 게다
부딪쳐 서로가 얻는 것이 없음을
서로에게 말하자

밀레니엄 산불

해거리라면 기다림에 지치지나 않을 텐데
사람의 힘으로는 다스릴 수 없어
걱정에 고민을 보태다 보니
올해가 짝수 해니 오고 말지 오고 말지
말이라는 게 씨가 되고 흩어져 시방을 가리고 만다고
말들을 줄이거나 말자고 했건만
좀 사정을 보아주며 올 것이지
한낮 태양을 시커멓게 가리고
시뻘건 노을로 서산을 넘어가면서도
내일로 이어질 게 분명히 하는 것에다
한 사나흘 옮겨 다녀 볼까
장난치듯 화설(火舌)을 날름댔었다

삼화*뒷산에서 쬐그만 장난을 시작하더니
수십 리 초록봉까지 순식간에 내쳐 달려가면서
살아있는 모든 것의 앞에서는 조금은
안 되었다 쉬고도 가련마는
바람이 지쳤다 싶으면 스스로 일궈서는

도망치는 송충이 한 마리도 남기지 않고
멀뚱멀뚱 고개를 쳐들고
형제봉을 넘어 보이지 않는 밤재에 까지 마음에 두는 것이었다

발이 잰 고라니 새끼가
지나간 자리 재 마당에 이슬을 옮긴 덕분에
고사리 새순 시꺼먼 낯이지만
꾸드득 소리 내며 대들었고
아까시 가시가 흠집 내며
새끼 불이나마 피식피식 주저앉히니
산봉우리는 봉우리대로
골짜기는 골짜기대로
서로 자리를 옮기려 했고
그제서야 어디까지 왔나
돌아보는 밀레니엄의 산불이었다

*삼화 : 동해시 서쪽에 있는 초록봉 아래 마을

해변에 모래가 사라졌다

어달산* 꼭대기에는 돌로 쌓은 봉화대가 있습니다
돌에다가 불을 지핀지 수천만 년
돌이란 돌은 모조리 부서져서
흙이 되었지만
여물기가 으뜸인 차돌만 잘게 부서졌지만
속내는 물론 모양새도 그대로 이어졌고
바람과 구름과 비가
그냥 두지 않았을 뿐만 아니라
몸뚱이조차 가눌 수 없이 여려졌으니
굴리면 굴리는 대로
날리어 쓸리어 아래로 내려와
겨우 겨우 자리를 잡은 곳이
어달해변이었습니다

정말 어찌 요런 해변에 요만큼 모래가 모였나
그을린 햇볕에 치기가 어른들에게서도 떨어지지 않으니
아이들은 고추에 묻은 몇 알조차
모두 털어 제 자리에 두고 인사를 하고 떠났습니다

어달해변에 모래가 사라졌습니다
방파제를 쌓는데 모두 써졌다거나
바다 깊은 데로 이사를 갔다거나
한 줌씩 집으로 가져갔다거나
이유가 모두 조금씩 타당합니다만
모래의 생각에는 아무도 관심이 없는 듯합니다

*어달산 : 동해시 어달동에 있는 산

멧비둘기 내려와

고라니가 텃밭을 엉망으로 휘저었다
산토끼가 온 사방에 지하통로를 구축했다
줄기는 버리고 뿌리만 뒤져가는
고구마를 심었기 때문이다
옥수수를 심어 열매만 따 먹으려해서이다
청양고추에 질겁하여 돌아가게 해야지
마누라와 뽀뽀도 못하게
육쪽마늘을 겨우 내내 묻어둘까
그만 두자
너도 먹고 나도 먹고 나눠 먹자
여기가 네 살던 거기와 같아서니

멧비둘기 내려와 처마 끝에 앉았다
내쳐 눌러 앉을 양이다
그리 귀찮지 않다마는
여기는 네 속을 알 리 없는 곳인데
네 살던 그곳에 무슨 일이 생겨
구구구 무얼 구하려 여기까지 내려왔나

산에 가는 횟수를 줄여야겠다
가서는 아무 데나 아무 것이나 흩뿌리지 말자
여기가 거기로 여기지 않게

미련하게도

바람만 오고가는 외진 철길 가에
시든 풀잎에 맺히기는 했으나
이슬이 함께 고개를 떨어뜨리고 있다가
바짓가랑이에 젖어 함께 따라나설 듯하니
미련하게도 미련에 맡겨버리고 말겠다

그 때 주저앉아 무릎에 앉히려고
젖은 엉덩이를 털어 보였지
교감보다 안쓰럽게 보이려고
엎드려서 등때기를 내밀고서
유치한 빈 의자의 희생을 억지로 가능케 했지
거기 말고는 제대로 된 경험도 없었으면서
거의 혼이 나가 기억도 못했으면서
술에 젖어서도 빠져나가는 혼줄에다
이슬을 매달고
사방팔방 돌아다녔다고
없는 기억을 불러내 고막에다 불어넣었지
젖지 않는 게 어디 있어

방수 장화를 벗어 줘
내 쥐어 짜 보일 거라며

지어낸 기억도 지금은 모조리 되살아나는 데야
불러내어 미련하게 미련에 맡겨 보는 거지
감추는 짓도 이제는 말고 말이지

|해설|

해무의 비망록

-정운영 시집 『갯방풍』를 중심으로

남 기 택
(문학평론가, 강원대 교수)

1.

삶의 구체적 장소는 문학의 오랜 주제가 되어 왔다. 핍진한 생활의 경험을 바탕으로 역사를 재구성하고 보편적 가치를 추구하는 일은 언어예술로서의 문학이 지닌 미학적 전제이기도 하다. 문학이라는 장르가 언어의 심미성을 실현하는 계기 중 하나로서도 장소는 주목된다. 언어를 매개로 미적 가치가 재현되는 메커니즘 속에서 불가분 결합될 수밖에 없는 요소가 공간과 장소인 것이다. 인간이 추구하는 미적 가치의 근원으로서 구체적 삶이 존재한다는 것은 문학을 포함한 모든 예술의 근본 명제에 가깝다. 삶의 배경인 장소는 문학과도 원론적인 친연성을 지닐 수밖에 없다.

이때 장소는 특정 사건을 구성하는 물리적인 공간에 한정되지 않는다. 그것은 인물과 사건의 배경으로부터 문학의 장르적 경계를 특징짓는 형식적 조건을 아우르고 있다. 또한 문학이라는 범주 내의 다양한 관계가 파생하는 사회학적 요소로까지 확대되기도 할 것이다. 문학작품의 미적 수월성을 판단하는 과정에서 다양한 장소성 양상에 주목해야 하는 것이 이 때문이다. 더더욱 시는 생래적으로 언어의 기호적 범위를 벗어나려는 지향을 지닌다. 사물의 본성을 감각하고 물활의 지평을 추구하는 시어에 있어서 장소라는 요소의 중층성은 배가되고 있다.

이상의 언급은 정운영의 첫 시집을 읽기 위한 하나의 방법론으로서 문학적 장소를 주목할 필요가 있다는 판단에 근거한다. 강원도 동해에서 태어나 같은 지역에서 실정적 삶을 살아가고 있는 그에게 있어서 고향의 다양한 공간과 사건은 핵심적인 소재요 시적 주제로 기능할 수밖에 없을 것이다. 어쩌면 지역에 정주하며 문학의 길을 걷는 시인이 대개 지닐 법한 보편적 아비투스의 양상이라고도 할 수 있겠다.

같은 맥락에서 시인 정운영이 속한 문학장의 자리에 대해 언급할 필요가 있을 듯하다. 독자의 입장에서는 다소 생소할 수 있을 시인과 그의 첫 시집에 다가가기 위한 손쉬운 수단일 수 있기 때문이다. 또한 앞서 제시한 문학의 장소성이라는 요소를 정운영 시세계로부터 파악하고

자 하는 분석적 수순이기도 할 것이다.

정운영은 강원영동권 지역문단에서 주로 활동하는 소장 시인에 해당된다. 2013년 《시와사람》을 통해 늦깎이로 문단에 이름을 올렸다. 개인사적으로 볼 때 등단한 시점이 50대 중반인 것을 감안하면 소장 문인이라는 수사가 모순적으로 들린다. 그럼에도 불구하고 시인에게 내재된 문학적 열정은 물리적 나이를 거슬러 2010년대의 소장 작가로서 스스로의 운명을 규정하였다. 문학적 공간 혹은 장소의 배치가 함의하는 하나의 역설이 이로부터 드러난다.

시인 정운영의 등단 이후 활동이 왕성하고 의욕적인 것만은 아닌 듯하다. 부지런한 작업으로 등단 4년째 첫 시집을 엮는 노고는 주목할 만하다. 하지만 과문한 필자로서는 다양한 매체를 통한 적극적인 발표나 파격적 상상력이 돋보이는 문제작의 반향 등은 접하지 못한 게 사실이다. 여기에는 공직자로서의 현실적 삶과 그로 인해 귀속될 수밖에 없는 지역에서의 문단 반경 등이 관련되리라 본다. 문단 내 운신의 폭이 상대적으로 좁은 것은 문학장의 위치에 따른 필연적 결과일 수도 있는 것이다. 이러한 맥락은 작가와 작품이 처한 문학적 공간이 자발적인 의지로 한정되거나 규명되는 것이 아님을 증거한다. 문학적 장소가 지닌 또 다른 역설이기도 하다.

2.

『갯방풍』에 묶인 60여 편의 작품들은 지역적 아비투스의 발현이라는 큰 범주 아래 다시 미세한 결로 분화되고 있다. 정운영 시가 지닌 다양한 층위들은 습작기부터 지금에 이르는 문학적 여정의 결실이자 그간의 노력이 집약된 결과물이다. 일별하자면 외형적으로 두드러진 특징으로는 서정적 자아의 산문투 진술 방식을 들 수 있겠다. 가족사나 세태, 자연과 고향에 대한 관조는 내용적 요소에 해당된다. 그렇다 함은 정운영의 작시 원리가 지극히 전형적이고 일상적인 방식을 따른다는 판단과도 같다. 주목할 부분은 그 평범한 발상의 이면에서 파생되는 시적 잉여 차원일 것이다.

해송이 내어준 모퉁이에는
포말에 밀려 오도 가도 못한 해풍이
짭조름한 갯내도 포기하고
드문드문 수북하게 핀 갯방풍 옆에 쪼그리고 앉아
올망졸망 모양을 내는 거지요

다가가서
속이 보이지 않아 얼마나 졸였는데
웬 바람이 이 모양이지
바짓가랑이 젖는 게 두려우면
저 솔 오솔길 뾰족한 그쪽으로 가라지

내내 그렇게 서 있을 양 얼굴을 들이대니
저만치 눈길 끝에 자리를 매달아 주는 거라니

-「갯방풍이 내어준 자리」 부분

이 작품은 시집 표제로 쓰인 소재, 즉 '갯방풍'을 다룬다. 갯방풍은 산형과(繖形科)의 여러해살이풀로서 바닷가 모래땅에서 나는 것이 특징이다. 인용 부분은 해송과 해풍 등을 의인화하여 "저만치 눈길 끝에 자리를 매달아 주는" 바닷가 풍경의 주체로 그려내고 있다. 이어지는 연에서는 보다 구체적인 시적 정황이 제시된다.("망상해변은 너무 길어 그제?/ 북쪽 도직에 남쪽 대진에 축을 쌓아 줄일까?/ 거기까지 걸어가면 우리도 끝이겠네") 이를 통해 갯방풍을 둘러싼 사물들의 에피소드가 펼쳐지는 장소가 강원도 동해의 망상해변임을 알 수 있다.

그런 장면이 단순한 서정적 풍경 묘사를 넘어서는 것은 의미심장한 후반부 진술 때문이다. "말이 씨가 되어/ 작살이 난 망상해변"은 "혼자만 독야청청한 철길"의 반어적 이미지와 더불어 갯방풍 주변의 슬픈 운명을 환기한다. 망상해변을 작살나게 만든 실체는 해풍이나 바닷물의 의지가 아닌 상업적 논리나 제도적 구획의 결과일 것이다. 생태와 인위의 대립은 친자연적 서정시가 함의하는 보편적 구도일 수 있다. 이 작품 역시 천진한 대화체의 의장 속에 자연적 운명을 거스르는 세태를 의뭉스럽게 재현하고자 한다. 하지만 시적 정황의 중심 요소를 갯방풍의 주관으로 설정하고 유지하려는 시선은 남다른 감각이라 하겠다.

또한 여기서 "갯방풍이 내어준 자리"를 점유하는 대상이 해풍에서 서정적 자아로 전치됨에 주목할 필요가 있다. 인용 부분에서 갯방풍이 마련한 자리는 오가지 못하는 해풍의 것이었으며 그로부터 "올망졸망 모양"이 형성되고 있다. 그러한 자연 본연의 형상은 해변의 분할을 거쳐 철길의 인위적 배치에 이르는 과정에서 퇴색되고 말 것이다. 이 과정에 따르는 부정적 감정값이 종연의 풍자적 진술("갯방풍에 젖도록 엉덩이를 내어주고서는/ 그래도 아직은 그대로인 해풍에다 대고/ 등 좀 긁어주면 싶어")을 통해 환기되고 있다. 이처럼 갯방풍이 마련한 자리인 자연의 공간은 다양한 사물의 존재론적 배경을 연출하고, 나아가 애증이 결합된 서정적 자아의 장소로 재구성된다. 등을 긁어주려는 욕구는 무심한 표현인 듯하지만, 이를 둘러싼 중층의 감각을 단순한 행위로 봉합하려는 의뭉스런 수사일 수 있다. 가벼운 행위 속에는 갯방풍과 자아, 자연과 인위가 길항하는 시적 지양이 내포된다.

갯방풍의 관조에 담긴 지역과 삶에 대한 관심의 표출 방식은 동일한 소재가 직접 다루어진 「새봉 갯방풍」을 통해서 역시 확인할 수 있다. 이 작품에서도 화자는 풍경 뒤에 숨어 "북새가 금진 곶에서 나타났고/ 늘 그렇듯/ 곧 이어 도직에서 모래바람이 일고/ 그 넓고 긴 망상해변에 사구를 형성하고도 모자라/ 노봉을 지나 대진까지 한꺼번에 삼키려 하고 있다"는 식으로 사물의 감각으로 장소적 양상을 제시한다. 망상을 둘러싼 풍경은 그러나 "모래바닥에 뿌리를 내렸으니 밀면 밀릴 수밖에/ 새봉 언덕을 겨우 붙잡고 있는 갯방풍"의 운명처럼 녹록하지가 않다. "이미 넘치도록" 풍성한 시장 논리가 "한 삽에 무너뜨릴 게 분명"하다는 전지적 화자의 진술이 풍경에 당면한 고단한 운명을 규정하고 있기 때문이다. 시상을 이끄는 주조는 사물화된 자아의 감각이다.

이로부터 정운영 시가 대상을 시화하는 전반적 방식을 미리 추론할 수 있을 듯하다. 갯방풍의 묘사를 통해 본 정운영 시의 자연은 기술적인 비유를 의도적으로 절제하고 있다. 갯방풍이라는 소재 자체가 그 어감으로부터 순수한 향토색을 지닌다. 갯방풍 스스로 자연과 장소를 호명하는 셈이다. 무엇보다도 서정적 자아로 귀속되는 동일성의 세계를 짐짓 벗어나고자 한다. 적어도 위의 갯방풍 시편들이 보여주는 진술은 사물의 시선과 자아의 시선이 혼효되는 양상 위에 놓인다. 이것이 의도적인 장치인지 정운영 시의 요설적 어법이 파생하는 시적 효과인지에 대해서는 단정적으로 규정하기 어렵다. 다만 기호의 사전적 배치를 넘어서 사물의 감각을 현전하는 시어 스스로의 잉여가 정운영 시로부터도 확인되는 것만은 분명할 것이다.

3.

정운영의 첫 시집 속에는 실로 다양한 자연의 형상이 등장한다. 정운영 시의 자연색은 흔한 낭만주의나 전통적 자연의 그것과도 같다고 할 수 있다. 그럼에도 불구하고 정운영 시만의 특수한 결을 지니고 있는 것이 사실이다.

연등 달고 오는 외진 도랑가에
쪼그려 있다
떠내려가는 물풀 냄새를
흘겨보고 있다
자갈에 깔리거나
억지로 부둥켜안고 있다
졸졸 흐르며
귓가에 맴돌고 있다
내민 혀끝에 닿았다가
어깨 죽지에 옮겨 앉아 흔들고 있다
까맣게 내려앉은 그늘에서
저만치 거리를 두고 바라보고 있다

-「윤슬」 전문

예컨대 이 작품은 윤슬, 즉 달빛에 비치어 반짝이는 잔물결의 정동을 다층의 감각으로 재현하고 있다. 2행 상관의 짧은 진술을 반복적으로 배치함으로써 기존의 묘사 방식을 스스로 벗어나고 있는 점도 주목할 만하다. 쪼그리고, 보고, 안고, 맴돌며, 흔드는 공감각의 향연이 전혀 어색하지 않다. 종반부에서 "저만치 거리를 두고 바라보"는 윤슬의 양태는 고스란히 이 작품의 미적 거리로 치환되어 적절한 긴장을 유지하는 데 기여한다. 자연을 통해 공감각의 장을 연출하는 시적 재기가 잘 드러난 작품이라 하겠다.

시야를 가린 해무로 인해 한 뼘도 앞으로 나아갈 수 없을 것이 분명해서 쳐지고 늘어져 어렵겠지만 질질 끌고서라도 해무가 맺히고 맺힌 방울이 떨어지면 앞이 보일 것 같은 산속에다 던져버리라 했지

산사에 염불도 부탁해 주어야 하는 것이 지금은 떨고 있는 까닭에 함부로 내뱉었다가 주워 담지 못할 게 선히 보이는 때문이고 여울진 해무가 말라버리기 전에 반드시 꿇은 맨 무릎으로 다가가려는 뜻을 다잡아 주었으면 해서라 했지

덜 여문 가슴속으로 파도는 밀려왔고 어깨에 메고 그 길을 따라 오르는 동안 미안해서 미안해서 물어깨춤이라도 보이려는 꼴이라니

산문 앞에서 더 이상 걸음을 떼지 못하고 어디에도 없는 부끄러운 샛길로 든다

벌겋게 단 낙엽에 난 구멍 사이로 들어갔다 나왔다 하더라니 산정이다

산에서 우는 파도가 있었느니라 들린다 들린다

-「산으로 간 해무」 전문

자연의 시편들 중에서도 두드러진 소재는 동해 고향마을의 장소성을 상징하는 산과 바다가 해당된다. 이들은 보편적 자연과 달리 구체적 장소의 역사를 기록하는 객관적 상관물로 작동하고 있다. 정운영의 자연시편에서 이질성과 개성을 체감하기 위해서는 이 점에 주목해야 하리라 본다. 위 작품 역시 정운영 시의 자연이 지닌 이질적 층위를 여실히 구조화하고 있다. 여기에서 화자가 처한 상황은 '해무'의 그것처럼 짙은 안개 속이다. 해무의 상징은 동해의 장소성에 비견되면서도 안개 특유의 비의적 색감을 환기한다. 그리하여 해무는 "한 뼘도 앞으로 나아갈 수 없"는 개연적 정황을 조성하면서도 "산에서 우는 파도"의 비의를 연출하는 공감각적 대상으로 현전하게 된다. 요설체의 두 문장으로 조직된 1연은 해무로부터 기인하는 불확실성의 공간("해무가 맺히고 맺힌 방울이 떨어지면 앞이 보일 것 같은 산속")과 의지("꿇은 맨무릎으로 다가가려는 뜻") 등을 드러낸다. 전언의 향방은 불분명하다. 반복되는 과거형 보조용언("했지")만이 현재적 행위에 당위성을 부여하는 장치로 기능하고 있다.

2연의 화자는 "미안해서 미안해서"나 "어디에도 없는 부끄러운 샛길"이라는 표현을 통해 시적 상황에 대한 부채의식을 드러낸다. 산정에 오롯한 비애는 해무의 그것에 비견될 것이지만 그에 투사된 화자의 감각으로 재현된다. 파도의 울음을 듣는 행위가 가슴과 어깨 등 신체화된 감각으로 공명하고 있다. 이것이 과거가 아닌 현재의 감각임에 주목해야 한다. 산에서 우는 파도라는 비의적 대상이 시간적 전도를 거쳐 현재적 감각("들린다 들린다")으로 재현되고 있는 것이다.

이때 산 위의 파도와 해무, 그리하여 산과 바다가 곧 하나의 공간임을 시사하는 맥락도 장소의 중층성을 반증하는 시적 구도임을 눈여겨볼 필요가 있다. 산과 바다가 동일성의 장소임을 환기하는 비유는 다른 곳에서도 반복되는 시적 장치이다. 그러한 산은 또한 지향의 공간이기도 하다. 산은 "산정에서는 독야청청할 것 같아서/ 인적이 없으니 살필 일도 없을 것 같아서/ 떨어뜨린 고개가 달빛에 또 짓눌려도 좋을 것 같아서"(「산으로 간 코스모스」)와 같이 고고한 코스모스의 거처이기도 하고, "한 없이 떨어졌습니다/ 두타산 꼭대기 산죽에 떨어졌습니다/ 가만히 생각하니 여기에서 무릉계곡을 따라 전천으로 흘러갔다가/ 동해바다에 섞였던 기억이 납디다"(「산죽에 핀 설화」)에서처럼 장소를 떠돌다 온 눈꽃의 보금자리로도 변주된다. 공통적으로 긍정적 가치를 담보한 지향의 공간으로 산이 설정되고 있다.

이처럼 「산으로 간 해무」는 해무의 운명을 비의적 감각으로 그린다. 시상을 이끄는 전지적 시점은 해무의 역사를 의인화하여 표현하지만 그 과정은 곧 화자의 정서이기도 하다. 산정에 놓인 해무의 운명은 스스로 해무가 된 감각으로 산에 이르는 서정적 자아의 지향이기도 한 것이다. 또한 이질적 공간이 서로를 투사하고, 사물의 감각이 상호 교차되는 양상을 볼 수 있다. 이러한 시적 장치가 엄밀한 구조로 조직되어 있다고 보기는 어렵다. 그 자체가 불투명한 해무의 운명과 어울려 비의적인 시의 공간을 연출하고 있는 셈이다.

위 작품과 같이 지역적 소재에 주목하여 장소의 역사를 기록하는 방식은 정운영 시의 특장이라 할 만하다. 장소성의 역사를 구성하는 요소로서 대표적인 것이 앞서 본 자연의 소재이다. 고향에서의 삶을 기반으로 형성된 정운영의 시적 아비투스는 자연물에 투사될 때 능숙한 재능을 발휘한다. 이렇듯 자연은 정운영 시의 주요 소재이자 공감각의 근원으로서 물활의 지평을 열고 있다.

4.

장소성의 역사를 구성하는 그 밖의 요소로서는 가족사가 단연 주목된다. 시집 곳곳에 배치된 어머니와 아버지, 가족사에 대한 기억은 대표적 경우이다. 예컨대 정운영은 "네 자리는 언제나 여기에서 온전하게 지킬 테니 사는 데 열심이어라 아무 것도 걱정하지 않아도 될 것이 아무리 뒤져도 보이지 않는 곳에 씨호박 하나는 숨겨두마"(「어머니의 호박」)와 같이 어머니의 독백을 기록한다. 이때 씨호박을 숨겨둔 어머니의 음성은 지나온 가족사의 상징

이요 인륜적 가치의 재현이자 시의 무진한 발원지이기도 할 것이다. 그런 어머니는 "등댓불을 밟지 말라던/ 어머니의 어머니의 말"(「등댓불을 밟으며」)처럼 삶의 규정으로 각인되는가 하면, "은은히 들려오는 범종소리에/ 합장하는 어머니"(「산사 가는 길」)와 같이 감각적으로 재현되기도 한다.

정운영 시집을 관류하는 애틋함의 정서는 비루한 가족사의 운명을 있는 그대로 재현하며 시적으로 변주하려는 의지로부터 비롯된다고 볼 수 있다. 여기에는 "왕산 대기리에 사는 우리 형은 소작농이었습니다/ 소작의 품을 모아 안반데기 귀퉁이 몇 뼘을 샀습니다"(「안반데기의 꿈」)와 같은 형의 현실적 삶에 대한 기록, "누이가 시집가기 전날 깊은 밤/ 뜨락에 혼자 나와/ 돌담장 구석에 핀 초롱꽃을 꺾어서는/ 한 잎 두 잎 뜯어 살뜰히도 치마폭에 옮겨 담으며/ 어둠을 사르는 모습을 보았지요"(「누이의 초롱꽃」)와 같은 누이의 과거에 대한 기억 등이 포함된다. 이들 가족사를 기록하는 배경 자체, 즉 안반데기라는 지명이나 초롱꽃이라는 식물 등에서도 지극히 서정적인 이미지가 파생되고 있다. 이상으로부터 가족을 향하는 애틋한 시선과 감각이 정운영 시세계에서 점하는 의미를 충분히 짐작할 수 있으리라 본다.

밀쳐낸 국그릇이 발치에서 째려보고 있다

그 자리가 내 자리인데 거기 있게 해 미안하다
거기 있어온 게 미안하다
미안한 게 졸고 졸은 꼴로 있어 와서
거기도 내 자리가 아니었어
분명히 전하고도 거기 있어 왔고
있으려고 또 하니
울고 있는 나이가 미쳤느냐 묻다가
듣느냐 닦아대다가 돌아버리겠단다
도대체 언제 어디에서고
무엇이든 갖다 붙이니
돌아버리겠다고
저며지고 절여진 꼴로는
아마 오래 못가니
들이켠 냉수 그릇도 가져가란다

-「국 한 술 뜨다 냉수를 들이켜다」 부분

가족에 기원하는 시적 기억은 곧 자화상의 범주를 구성하는 동인에 해당된다. 그런데 정운영 시가 화자 스스로의 삶을 그리는 대목은 녹록한 서정적 형상으로 한정되지 않는다. 위 작품에서도 새벽녘에 국그릇과의 심리적 일전을 벌이는 화자의 상념이 단순하지가 않다. "그 자리가 내 자리"였지만 "거기도 내 자리가 아니었"다는 부재감은 "울고 있는 나이"와 결합하여 부정적 이미저리를 형성하고 있다. "저며지고 절여진 꼴"의 비루함은 역설적으로 자아에 대한 강인한 성찰의 정도를 함의한다. 보잘것없는 형용의 대상은 국그릇이라는 객관적 상관물일 수도 자아의 거울상일 수도 있다. 여기서도 동화와 투사의 모호한 경계라는 정운영 시의 어법이 예의 드러난다. 도치와 반어가 빠른 템포로 반복되는 진술형 시행 역시 이 작품의 시적 긴장을 고조하는 형식적 요소로 기능하고 있다.

자아에 대한 성찰은 가족사로부터 기인하는 인간적 관심이 내면으로 집중된 결과일 것이다. 또한 그 과정에서 스스로의 삶과 사회에 대한 반성이 매개될 수밖에 없는 것은 당연한 수순이라 하겠다. 「나락매상 하는 날」, 「선술집 백열등」, 「태풍 루사」, 「밀레니엄 산불」, 「해변에서 모래가 사라졌다」 등은 구체적 현실에 착목된 시선이 주조하는 정운영 식의 사회적 상상력을 엿볼 수 있는 작품에 해당된다.

이처럼 정운영 시세계가 배태하고 있는 인간애의 감각은 사회적 시선은 물론 적절한 미적 거리의 배치를 넘나들면서 단순한 구조로의 환원을 거부한다. 그럼에도 불구하고 근본 정서는 향토적인 것이며 지극한 토포필리아의 미학을 따른다. "서러운 가난이 사랑하게 했고/ 나락을 움켜쥔 지긋함에 사랑했는데/ 혹시나 보릿고개 넘고 넘은 기억이/ 되살아나지 않았을까" 하여 "허물어진 다랑논 등고선을/ 다시 그으며"(「다랑논 등고선」) 살고자 하는 화자의 의지가 여전한 현재를 구성하고 있다.

다랑논의 투박한 서정은 때로 근대적 시학의 근본 전제인 언어의 규범을 이탈하는 파격을 보이기도 한다. 독자로서는 보다 정치한 언어의 운용을 요구할 수도 있겠다. 일부 반복되는 소재와 시상 전개의 패턴에 대한 제언도 가능하다. 하지만 그런 방식은 기존의 공준이 허락하는 미적 경계의 지평에 불과할 것이다. "이고 진/ 기차 바퀴의 눈"(「기차 바퀴의 눈」)이 시인 정운영의 것이다. "어달리에 봄이 오면/ 위로받는 바다의 아픔이/ 고단한 삶을 멈출 수가 없어/ 지느러미를 펼치고"(「어달리에 봄이 오면」) 현전하는 감각이 정운영 시를 이끌고 있다. 사물의 정동은 언어의 경계를 넘어선다. 정운영 시세계는 기차의 눈이나 바다의 지느러미와 같은 사물의 감각을 무의식적으로 닮고자 한다.

무릇 시는 물활의 지평과 감각의 연장을 전제하고 있다. 정운영의 시적 운산은 지극한 장소애를 바탕으로 우리 삶의 단편을 형상화하고자 한다. 정운영의 상상력이 머문 해무의 장소는 그 교두보에 해당된다. 해무처럼 비릿하고 불투명한 이미지들이 정운영 식 재기의 지평 아래 배치되고 있다. 그 언어는 고향 동해의 노래이자 시인의 삶에 비견될 것이다. 또한 그 기록은 우리 모두의 감각을 연장하는 비망록일 수 있다. 이 진정성이야말로 기꺼운 마음으로 정운영 시를 받아들여야 할 문학적 근거일 것이다.

정운영 시집

갯방풍

2016년 6월 5일 인쇄
2016년 6월 15일 발행

지은이 | 정 운 영
펴낸이 | 강 경 호
인쇄 · 기획 | 도서출판 시와사람
등록 | 1994년 6월 10일 제 05-01-0155호
주소 | 광주시 동구 백서로 125번길 32-5(금동)
전화 | (062)224-5319
팩스 | (062)225-5319
E-mail | jcapoet@hanmail.net

ISBN978-89-5665-459-1 03810

값 10,000원

공급처 ■ 한국출판협동조합

경기도 파주시 탄현면 오금로 30
주문전화 (02)716-5616, 070-7119-1740